AF366350

ESENCIA CÓSMICA

VIRGO

Leo Kabal

Editorial ⊙ Creación

Si este libro le ha gustado y desea más información sobre nuestras publicaciones, puede consultar nuestra web: www.editorialcreacion.com, donde encontrará amplia información actualizada y podrá descargarse nuestro catálogo, el índice y un extracto de todos nuestros títulos.

Temática: Astrología, Horóscopo, Angelología
Colección: Esencia Cósmica

© Leo Kabal
© Editorial Creación
   Jaime Marquet, 9
   28200 - San Lorenzo de El Escorial
   (Madrid)
   Tel.: 91 890 47 33
   http://www.editorialcreacion.com
   http://editorialcreacion.blogspot.com/

Diseño de portada: Mejiel

Primera edición: mayo de 2013
ISBN: 978-84-15676-31-7
Depósito Legal: M-14522-2013

CONTENIDO

INTRODUCCIÓN

Saber hoy a ciencia cierta cuándo empezó la Humanidad a interesarse por los astros y cuáles fueron las bases de lo que se conoce como Astrología, es una tarea difícil, por no decir imposible.

No obstante, cuando miramos hacia atrás en el tiempo intentando buscar un origen, encontramos que la mayoría de los pueblos de la antigüedad tenían muy en cuenta las posiciones planetarias a la hora de tomar decisiones importantes. Todo el mundo creía en ella y los reyes tenían a sus propios astrólogos, a los que consultaban para tomar las decisiones relevantes.

Aunque la ciencia astrológica se remonta más atrás en el tiempo, los doce signos astrológicos, tal como los conocemos hoy, aparecieron en Babilonia, en el siglo V a. C. Este sistema consiste en la división del cielo en doce partes iguales de 30 grados cada uno.

Pero signos y constelaciones no son lo mismo, aunque muchos hayan querido confundir los términos para desacreditar a los astrólogos y la Astrología. Expliquemos la diferencia.

La Eclíptica es el círculo imaginario que atraviesa el Sol en su recorrido anual aparente alrededor de la Tierra, aunque en realidad se trata de una proyección en los cielos de la linea imaginaria que dibuja la Tierra en su movimiento de traslación (recorrido anual alrededor del Sol).

A un lado y otro de la Eclíptica hay una franja celeste denominada Zodiaco, dentro de la cual permanecen el Sol, la Luna y los planetas. En esta franja hay doce constelaciones cuyos nombres son los mismos que el de los doce signos. Pero a diferencia de los signos, las constelaciones tienen una longitud desigual, es decir, no miden 30 grados cada una, sino que unas miden más y otras, menos.

Hay algunos astrólogos que afirman que primero fueron los signos y después vinieron las constelaciones. Es decir, los signos fueron dados a la humanidad primitiva por inspiración. Después, el hombre buscó algo semejante en los cielos y encontró las constelaciones.

Sea como fuere, lo importante es que los signos astrológicos y las constelaciones de estrellas no son lo mismo. Los signos son sectores del Zodiaco de 30 grados cada uno y las constelaciones tienen una longitud diferente. Además, debido a la precesión de los equinoccios, tampoco coinciden en el comienzo de la primavera, cuando el Sol cruza el ecuador celeste, sino que, en ese punto, el Sol cruza el grado cero de Aries en lo referente a los signos, mientras que en lo referente a las constelaciones, varía. Ese es el motivo de que cuando el Sol se encuentra en el signo de Aries, actualmente lo hace en la constelación de Piscis. Es también la base para afirmar que la Humanidad está actualmente en la Era de Piscis y camina hacia la Era de Acuario.

Pero en lo referente a los signos, esto no debe preocuparnos, ya que siguen siendo los mismos, y las fechas en las que rigen cada uno de ellos permanecen invariables.

Según algunos astrólogos modernos, la Astrología no es solo un sistema de predicción, sino que comprende la esencia cósmica de la cual todos nos nutrimos tanto material como espiritualmente. De hecho, los nombres de los doce signos corresponden a doce entidades espirituales que se ocupan de hacernos llegar la energía con la que construimos y desarrollamos nuestra existencia.

En el principio de los tiempos, al iniciar la creación de nuestro Sistema Solar, Dios trazó un espacio, de donde tomó la esencia para que su obra creciera y se multiplicara. Este espacio es conocido con el nombre de Zodiaco. De este Zodiaco procede la esencia que ha dado forma a todo lo que existe hoy en nuestro Sistema Solar, incluidos nosotros.

De lo que antecede podemos deducir que el Zodiaco es mucho más importante de lo podría parecer a primera vista, pues sin él no existiría nada en nuestro universo solar.

Vemos así que el Zodiaco marca la evolución de la Humanidad a través de los signos conocidos como Aries, Tauro, Géminis, Cáncer, Leo, Virgo, Libra, Escorpio, Sagitario, Capricornio, Acuario y Piscis. Cada individuo debe renacer constantemente en los distintos signos para evolucionar mediante las vivencias que cada uno le aporta.

Así, en el sentido cósmico, cuando nacemos en Aries, traemos al mundo un nuevo designio divino, un proyecto original, que iremos desarrollando a través de las distintas etapas, es decir, en las distintas encarnaciones por las que hemos de pasar. La rueda astrológica se convierte así en la rueda de los renacimientos a través de los cuales evolucionamos desde la inconsciencia hacia la omnisciencia. La meta es convertirnos algún día en dioses creadores. El orden evolutivo sigue un orden distinto del de la rueda astrológica, que como sabemos es Aries, Tauro, Leo, etc., hasta Piscis.

En el orden cósmico primero es el Fuego: Aries, Leo y Sagitario. Segundo, el Agua: Cáncer, Escorpio y Piscis. Tercero, el Aire: Libra, Acuario y Géminis. Y por último, la Tierra: Capricornio, Tauro y Virgo.

Este sería el orden lógico en la evolución. O sea, primero encarnaríamos en los signos de Fuego, luego en los de Agua, etc. Y, al llegar al último signo de Tierra: Virgo habríamos culminado nuestra evolución y adquirido todas las experiencias necesarias para llegar a ser dioses creadores. Pero este orden fue roto porque los hombres no fuimos capaces de asimilar las energías divinas tal como se nos iban proporcionando. De esta forma, unas veces fuimos hacia adelante y otras hacia atrás, unas veces avanzando y otras quedándonos rezagados.

Por este motivo, tenemos que culminar varios ciclos desde Aries a Virgo antes de alcanzar la perfección, pero ahora ya no seguimos el orden primordial: Fuego, Agua, Aire y Tierra, sino que, debido al estancamiento en algunas etapas, tenemos que volver a ellas de nuevo. Por eso, en una encarnación podemos nacer en Aries, mientras que en la siguiente lo hacemos en Tauro o Libra, dependiendo de los trabajos pendientes de realizar que hayamos dejado en el camino.

El signo del horóscopo bajo el cual hemos nacido marca únicamente el lugar del sol en nuestra carta natal. Para un estudio más profundo, cada lector debe recurrir a la interpretación de su carta astral completa, porque ella le descubrirá muchos más aspectos de su personalidad y su trabajo en la vida presente que el estudio simple del signo bajo el cual ha nacido. Aunque sin duda el sol en un horóscopo marca el lugar donde se instala nuestro Yo en la presente encarnación para poder llevar a cabo su programa de vida marcado por las demás tendencias de nuestra carta de nacimiento. Por ese motivo, cualquier estudio sobre él es de la máxima importancia. Más adelante, si el lector lo desea, podrá estudiar su carta con profundidad y desarrollar su potencial en todos los aspectos. Mientras tanto, le ofrecemos este pequeño estudio para que pueda conocerse un poco más y aprenda a conducirse de acuerdo con la energía de los astros para hacer su vida un poco más llevadera.

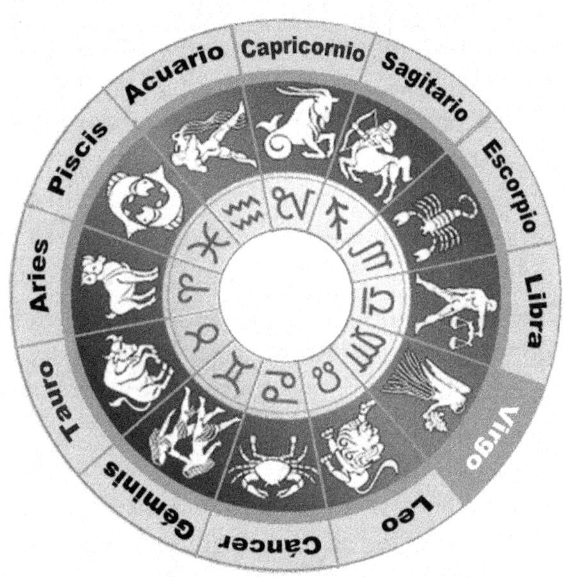

Acuario
Capricornio
Sagitario
Piscis
Escorpio
Aries
Libra
Tauro
Virgo
Géminis
Leo
Cáncer

VIRGO

23 de agosto al 23 de septiembre

Desapego de lo material

Elemento: Tierra

Símbolo: ♍

Color: Marrón, multicolor

Planeta regente: Mercurio

Gemas: Jaspe rosado, jacinto

Metal: Mercurio

Día de la semana: Miércoles

Números de la suerte: 5 y 6

Imagen medieval de Virgo.
(Libro de Horas del siglo XIV).

Imagen medieval de Mercurio, planeta regente de Virgo y Géminis.
De Sphaera.

SÍMBOLOS DE VIRGO
Y MERCURIO

♍ ☿

El símbolo de Virgo es la «m» (♍), representativa de la muerte. Y Virgo, por estar al final del ciclo de Tierra, representa el final de una fase evolutiva, la fase última, la de Tierra. Está asociado al tiempo de la cosecha. El ciclo vegetal llega a su fin y una Tierra nueva, virgen, espera a recibir la próxima semilla. Por eso se representa mediante una mujer joven o virgen alada que lleva una espiga. En Astrología cabalística Virgo es el signo que ha llegado al final de un ciclo evolutivo, el que va de Aries a Virgo contando por elementos en este orden: Fuego, Agua, Aire y Tierra. Por eso se dice que quien nace en Virgo viene a desprenderse de todo lo que ha ido adquiriendo en las anteriores encarnaciones, pues en su próxima reencarnación ha de empezar un nuevo ciclo a partir de Aries y debe ir limpio de equipaje.

En Mercurio, su planeta regente, vemos el semicírculo sobre el círculo y la cruz ☿. El círculo en medio (el espíritu) puede dirigirse hacia la materia (la cruz) o hacia el desarrollo del alma (el semicírculo). Mercurio simboliza en un horóscopo la razón, la inteligencia, la comunicación, la exteriorización del pensamiento. Actúa como un foco para frenar la naturaleza inferior y elevarnos de nuestro estado humano al divino.

ALEGORÍA DE VIRGO

... Y era de mañana cuando Dios se puso ante sus doce hijos e implantó en cada uno la semilla de la vida humana, Cada hijo, uno a uno, dio un paso adelante para recibir el don que se le había destinado.

—A ti, VIRGO, te pido que examines todo aquello que ha hecho el hombre con Mi Creación. Escrutarás con agudeza sus caminos y les recordarás sus errores, para que Mi Creación pueda perfeccionarse a través de ti. Para que lo cumplas te concedo el don de la PUREZA DE PENSAMIENTO.

Y Virgo se retiró a su lugar.

Entonces Dios dijo:

—Cada uno de vosotros tiene una parte de Mi Idea. No confundáis esta parte con la totalidad de Mi Idea, ni intentéis cambiaros las partes entre vosotros. Porque cada uno de vosotros es perfecto, pero eso no lo sabréis hasta que los doce seáis uno. En este momento, Mi Idea, en su totalidad, será revelada a cada uno de vosotros.

Y los hijos se fueron, decidiendo cada cual hacer su trabajo lo mejor posible, para poder recibir su don. Pero ninguno comprendió totalmente su tarea ni su don, y cuando volvieron confusos, Dios les dijo:

—Cada cual cree que los otros dones son mejores. Así, pues, os permitiré intercambiarlos.

Y, de momento, cada hijo se entusiasmó considerando todas las posibilidades de su nueva misión. Pero Dios se sonrió diciendo:

—Volveréis a mí muchas veces, pidiendo que os releve de vuestra misión, y cada vez os concederé vuestro deseo. Pasaréis por incontables encarnaciones antes de que cumpláis la misión original que os he prescrito. Os concedo un tiempo ilimitado para llevarlo a cabo, y sólo cuando lo hayáis conseguido podréis estar conmigo.

PERSONALIDAD

Virgo da un carácter serio, concienzudo, analítico, reservado, modesto, metódico y ordenado.

En los trabajos difíciles Virgo se comporta como si todo le resultara fácil, pues es flexible y buen organizador. Le importa más hacer muy bien su trabajo que recibir elogios, por lo que suele ser modesto.

Es de naturaleza inquisitiva y siempre está buscando la manera de mejorar social y económicamente. Es versátil, ingenioso y estudioso, amigo del trabajo, del estudio y de la ciencia.

En la rueda astrológica se sitúa en la casa VI, que tiene relación con el trabajo, los servicios, los animales domésticos y la salud y la enfermedad. Por tanto, estos temas tendrán un alto interés en su vida.

Así, pues, es fácil verle inmiscuido en trabajos que tengan que ver con el servicio, en algunos casos incluso de forma altruista, sin esperar nada a cambio, ya que su predisposición natural es la de servir y ayudar al prójimo. En algunas ocasiones llega hasta el punto de anteponer las necesidades ajenas a las propias, aunque no lo requiera la situación.

También ama a los animales, principalmente a los domésticos, por lo que será fácil verlo en algún momento de su vida cuidando a alguno de ellos. Muchos Virgo suelen emplearse en albergues o asociaciones de ayuda a los animales, ya que les encanta estar junto a ellos y cuidarlos.

La salud y la enfermedad, como hemos dicho anteriormente, también suele ocupar una parte importante en su vida. En este sentido, pueden acudir a hospitales o centros de salud para ayudar, tanto física como moralmente, a los enfermos.

Es posible también que, debido a su predisposición al análisis de todas las cosas, se preocupe excesivamente por su propia salud y dé demasiada importancia a pequeñas molestias que no significan nada. Incluso puede llegar a obsesionarse con la salud y tornarse algo hipocondriaco.

Aunque esto no quita para que, en algunas ocasiones, las enfermedades sean reales.

Como tiene una gran perspicacia, suele ver y comprender cosas que a otros ni siquiera se les pasa por la imaginación, aunque esto hace que se preocupe excesivamente por algo que en realidad no tienen la importancia que le otorga.

Su mente inquisitiva le ayuda para analizar toda clase de problemas y para investigar concienzudamente cualquier cosa que se proponga. Nunca se quedará en la superficie, sino que irá hasta el fondo del objeto investigado o analizado. De aquí que muchos Virgo sean excelentes y brillantes científicos.

La mayoría de las veces le encontraremos en puestos de trabajo que sean modestos y no requiera responsabilidad de mando, ya que se encontrará mas a gusto realizando su labor en segundo plano, donde no tenga que ejercer tareas de jefe ni de persona destacada, sino más bien de empleado.

CUALIDADES A DESARROLLAR

Analítica.
Discernimiento.
Modestia.
Espíritu práctico.
Adaptabilidad.
Ciencia.
Investigación.
Trabajador.
Metódico.
Humanidad.

DEFECTOS A SUPERAR

Timidez.
Crítica negativa.
Melancolía.
Egoísmo.
Materialismo.
Tacañería.
Apego.
Pedantería.
Descuido.
Mezquindad.

AMOR Y COMPATIBILIDAD

En general, Virgo es poco dado al romanticismo y a la sensualidad. Es de carácter más bien frío, reservado y no suele exteriorizar bien sus emociones. Le parecerá incluso ridículo manifestar su afecto calurosamente.

Ante el sexo opuesto se muestra más bien tímido y esperará a estar muy seguro, antes de dar los primeros pasos, aunque, la mayoría de las veces, esperará a que sea la otra persona quien lo dé.

De hecho, tiene serias dificultades para enamorarse, ya que cuesta mucho trabajo conmover su corazón, pero cuando lo hace, se comprometen fielmente con la persona amada, de la cual espera la misma fidelidad.

Generalmente son partidarios del matrimonio, pero para comprometerse con alguien en este aspecto, antes tienen que estar seguros de que tienen resuelta la situación económica.

Una vez que se compromete con alguien para compartir su vida, debe tener cuidado con el exceso de crítica negativa, ya que este defecto podría minar la relación de pareja y traer discusiones innecesarias.

No se puede esperar de ellos que expresen su amor cariñosamente en su vida en pareja, pero esto lo suplirán actuando con sus mejores intenciones, estando presentes y ayudando moralmente cuando sobreviene alguna crisis, o mediante los cuidados que pueda proporcionar a su pareja cuando esté enferma o lo necesite realmente. Su manera de expresar el amor que siente se basará principalmente en hechos y no en caricias, expresiones o sentimentalismos que para él significan muy poco.

Es especialmente compatible con los signos de Agua (Cáncer, Escorpio y Piscis), y con los de Tierra (Tauro y Capricornio).

Es incompatible con los signos de Fuego (Aries, Leo y Sagitario) y con los de Aire (Libra, Acuario y Géminis).

VIRGO - ARIES

El carácter de Virgo se complementa poco con el de Aries, ya que Aries es una persona de acción y le importan poco las menudencias, los detalles, las cosas pequeñas, que sí interesan a Virgo.

En la relación Virgo - Aries, puede haber algún que otro conflicto cuando el exceso de análisis, de planificación, de limpieza... de Virgo choque con el desorden y la falta de previsión de Aries. En lo económico, tampoco se pondrán de acuerdo, pues el uno (Virgo) es previsor y le gusta gastar solo lo necesario, mientras que el otro (Aries) no se maneja bien llevando la economía de la casa, pues gastará en lo que se le antoje sin pensar en las consecuencias de si se va a llegar a fin de mes o no.

Una relación armoniosa entre estos dos nativos puede darse cuando los dos tengan intereses intelectuales parecidos. Si Aries es del tipo evolucionado y cultiva la mente, hallará en Virgo al complemento ideal, ya que este le ayudará a desarrollar los proyectos de una forma más ordenada y perfeccionada de lo que lo haría por él mismo. Y Virgo puede encontrar en la pareja Aries a quien le impulsa y anima a poner sus ideas en práctica sin pensar tanto en las consecuencias ni en la idea negativa de querer perfeccionar al máximo toda obra antes de sacarla a la luz.

En el amor, pueden tener dificultades, pues sus objetivos son distintos. Aries es más permisivo y carente de complejos, mientras que Virgo es más conservador y suele pensarlo mucho antes de entregarse a la pareja.

Aries es más fogoso y Virgo más tímido y frío. Por lo cual, los dos deben hacer un esfuerzo por acercarse a la forma de ser de su pareja sin egoísmos, con todo el respeto y amor, y así podrán entenderse y complementarse mucho mejor.

VIRGO - TAURO

La relación entre estos dos signos es bastante prometedora y puede llegar a ser armoniosa y feliz.

Los dos tienen un alto sentido práctico y sabrán ponerse de acuerdo en todos los asuntos en los que se vean enfrentados en la convivencia.

Son responsables, serios, fieles y profundos en sus sentimientos.

Ninguno de los dos se conforma con un amor pasajero, sino que buscan una relación estable con la que compartir algo más que una relación sentimental.

En materia económica serán pocas las divergencias, confiarán el uno en el otro, ya que ambos poseen un alto sentido de responsabilidad y ninguno de los dos tiende al despilfarro, sino a llevar una economía saneada y controlada.

Mentalmente tendrán algunas diferencias, pues Tauro será algo menos flexible y más testarudo que Virgo, y este, a su vez, quizá pueda resultar demasiado analítico, lo que puede provocar algunas discusiones que deberían evitar.

Para que la relación funcione a la perfección, Tauro debe mostrarse menos testarudo y Virgo menos frío, sobre todo en las relaciones sentimentales.

VIRGO - GÉMINIS

Serán dos signos mentalmente complementarios debido a que los dos tienen de regente al planeta Mercurio. Podrán entenderse plenamente en la comprensión de los diversos problemas de la vida y en su forma de entender las ideas y los métodos.

Sin embargo, mientas Géminis se queda en la superficie de las cosas, Virgo irá hasta el fondo y realizará un análisis hasta las últimas consecuencias. En este sentido, Géminis puede acusar a Virgo de maniático, y Virgo puede contestarle que es muy superficial.

Los dos, sin embargo, pueden complementarse si llegan a formalizar una relación de pareja, ya que son distendidos y siempre se entenderán y buscarán algún modo de rebajar la bronca con algún tipo de broma.

Los dos son frios e intelectuales y basarán la relación en un contrato más que en un compromiso firme, pues de esta forma se sentirán más seguros, ya que no les gusta comprometerse de forma rígida.

No obstante, esto no quiere decir que la relación no pueda ser duradera.

VIRGO - CÁNCER

Puede haber una buena relación, ya que los dos son sencillos, tímidos y modestos. No tienen grandes ambiciones.

Es una unión que tendrá como base sólida el sentido común, el afecto, la ternura y la comprensión mutua.

Aunque sus temperamentos sean complementarios, como los son el Agua y la Tierra, tienen, no obstante, una forma de ver el mundo un tanto diferente. Cáncer es subjetivo, imaginativo y utiliza una razón más bien del subconsciente, intuitiva. Sin embargo, Virgo se rige más por la razón, el análisis y la crítica. También habrá puntos de fricción en la manía de higiene que puede llegar a tener Virgo, lo que chocará con la necesidad de tranquilidad de su pareja Cáncer.

Pero, salvando estos inconvenientes de poca importancia, puede resultar una relación armoniosa y duradera, pues los dos son austeros y no necesitan grandes lujos para vivir. Y en el amor se complementan perfectamente.

VIRGO - LEO

Es esta una relación incompatible, pues el Fuego de Leo chocará con la Tierra de Virgo.

Leo y Virgo tienen una mentalidad bastante diferente. Por un lado, las miras amplias, el gusto por el lujo y la ostentación (Leo); y por el otro, el análisis, lo concreto y el sentido práctico (Virgo).

En esta unión se suele dar una situación en la cual Leo tenderá a dominar a Virgo, el cual se pondrá a su servicio, sobre todo si Leo es hombre y Virgo mujer.

En la relación amorosa, Virgo estará siempre pensando y analizando cada situación, mientras que Leo pasará por alto los pequeños detalles y se frustrará con, según él, la manía de Virgo de prepararlo todo perfectamente antes de llegar a cualquier acto.

La relación puede prosperar y ser armónica si ambas partes ponen de su parte y son tolerantes. Virgo tendrá que ampliar sus horizontes, y Leo debe darse cuenta de que Virgo hace lo posible para que la unión prospere, de ahí la manía de que todo salga a la perfección.

VIRGO - VIRGO

Estos dos nativos, al ser idénticos, tienen las mismas ilusiones, deseos y aficiones. Por lo tanto, se apoyarán mutuamente y se entenderán a la perfección. Pero la convivencia puede resultar un tanto monótona si no hay otros aspectos que la hagan un poco distinta.

Por tanto, tendrían que buscar nuevos estímulos, como, por ejemplo, relacionarse con personas o amistades de otros signos de Agua o Tierra compatibles con Virgo , para hacer un poco más alegre, divertida y animosa la existencia. Si no lo hacen, puede llegar a ser una relación sentimentalmente demasiado fría y monótona.

VIRGO - LIBRA

Signos incompatibles al pertenecer a elementos Aire-Tierra, o lo que es lo mismo, sentimientos-práctica material.

Virgo se siente especialmente atraído por la belleza natural de Libra, que posee una naturaleza alegre, simpática, sociable y llena de encanto romántico. Todo lo que a él le falta y desea conseguir para sentirse complementado.

Es posible que Libra deslumbre a Virgo, diciéndole cosas bellas y dándole la importancia que él no se da. Quizá sea gentil con él sin darse cuenta que Virgo se toma todo lo que le dice al pie de la letra y ve, más allá de sus palabras, una intención manifiesta de que le atrae como pareja. Pero Libra tal vez le haya dicho lo mismo a muchas otras personas, pues es su manera habitual de relacionarse.

Esto puede hacer que Virgo se haga ilusiones al principio, hasta que se dé cuenta de que Libra actúa, según su punto de vista, de manera superficial, inestable, voluble, infiel, adulador.

Si se forma, no obstante, la pareja, Virgo, tendrá dos opciones: aceptar la inestabilidad de Libra y vivir una vida agradable y pacífica o desaprobarla y seguir como estaba antes de la unión.

Si la pareja finalmente llega a formarse, para que la relación sea duradera, Libra debe adoptar una concepción más realista y práctica de la vida, y Virgo debe dejar de criticar a su pareja.

VIRGO - ESCORPIO

Existe entre estos dos signos una fantástica comprensión mutua. Los dos aman el trabajo realizado de manera científica, seria y perfeccionista. Los dos llevan sus investigaciones analíticas hasta el máximo en cualquier terreno.

Sin embargo, en el terreno amoroso y sexual chocarán de manera frontal, ya que las exigencia demandadas por Escorpio no serán correspondidas por Virgo. En efecto, Virgo rechazará las constantes muestras de cariño y sensuales de Escorpio y se mostrará más frío y distante; y Escorpio no entenderá que sus exigencias pasionales no sean correspondidas por su pareja, que, a veces, puede incluso parecerle un auténtico mojigato.

Conseguirán llevarse más o menos bien si se respetan mutuamente y no basan su relación tan solo en el terreno sensual o material. Un objetivo intelectual o espiritual común puede completar la armonía que ya tienen en otros muchos aspectos.

VIRGO - SAGITARIO

Esta relación agradará en principio a Virgo, ya que puede encontrar en su pareja aquello que a él le falta: ese entusiasmo por la vida y la alegría y felicidad, que traerán a su existencia un jarro de agua fresca para ayudarle a salir de la rutina de un mundo volcado en la materia y en el excesivo análisis de la realidad en el que se ve metido en su vida cotidiana.

Pero muy pronto habrá un choque de intereses, pues a su pareja, Sagitario, le gusta el riesgo, la aventura y vive despreocupado de los gastos y tareas de planificación, prudencia y cálculo que tanto interesan a Virgo. Tampoco llevará bien su carácter apocado y tímido, que, incluso, le puede parecer incomprensible.

En las ideas chocarán también, pues Sagitario es más idealista y espiritual, no le importa tanto la meticulosidad sino el mensaje de fondo. En cambio, Virgo se meterá en estudios y análisis interminables, que, a veces, harán imposible entender cuál es el mensaje que quiere explicar.

En el amor, Sagitario es más fogoso que Virgo, pues este último es capaz de soportar más tiempo sin muestras de cariño. Se muestra más frío y distante. Sagitario, en cambio, necesita más el contacto sentimental.

A todas luces es una relación que parecería, en principio, imposible. Sin embargo, puede llegar a cuajar si otros elementos del horóscopo resultan más favorables. Por ejemplo, el ascendente.

También resultará favorable que la pareja persiga un objetivo común, que Virgo entienda la independencia de Sagitario y le permita vivir una vida más libre, aunque él no le acompañe; y que Sagitario guarde hacia su compañero un amor y un respeto por su forma de ser, aunque no llegue a comprenderla.

VIRGO - CAPRICORNIO

Entre estos dos signos existe bastante armonía, lo que hará que se pueda construir una relación sólida y duradera. El equilibrio que cada uno le aporta al otro contribuirá al bienestar y a la felicidad de ambos.

Virgo no busca en el matrimonio o la relación de pareja unos lazos basados en la pasión o en la sensualidad, sino que desea alcanzar una estabilidad y una seguridad. En definitiva, una unión basada en el amor, la fidelidad y respeto mutuo, lo que, con todas seguridad encontrará en Capricornio.

La seriedad, compromiso y fidelidad de Capricornio buscan que su pareja respete estas normas básicas de convivencia, pues se encontrará mucho mejor y será mucho más feliz si hay comprensión en la relación cotidiana: seguridad, economía familiar, trabajo y seriedad ante la vida y los demás. Virgo encontrará en su pareja todas estas cosas.

Es difícil que se produzca algún tipo de desacuerdo entre estos dos nativos. Aunque podría producirse si Capricornio cede ante las pequeñas crisis melancólicas, y Virgo, siempre dispuesto a apoyarle moralmente con su raciocinio natural, deje de hacerlo o no encuentre la manera.

VIRGO - ACUARIO

Virgo, signo regido por Mercurio, el planeta de la razón, puede tener alguna sintonía con el intelectual y cerebral Acuario. No obstante, ambos pertenecen a elementos incompatibles, como son el Aire y la Tierra.

Virgo razona y analiza todo con detalle, característica esta del científico, cuya relación con Acuario es evidente. En este sentido, su colaboración intelectual resultará útil en cualquier trabajo o problema en común, ya que a ambos les gusta llegar al fondo de las cosas.

También encontrarán afinidad entre sus preocupaciones de carácter social: Virgo se interesará por el problema de los animales, los pobres y los trabajadores; Acuario por las obras sociales.

Las relaciones sentimentales pueden no ser lo que busca cada uno, pues los dos se mostrarán fríos y cerebrales, lo que no ayudará en nada a una relación placentera. Además, a Virgo le gustará retener a su pareja en casa más tiempo, cosa que a duras penas conseguirá, pues la mayoría de las veces estará con sus amistades o realizando alguna actividad de tipo social.

Puede ser una relación duradera, aunque deben respetarse su independencia.

VIRGO - PISCIS

En la rueda zodiacal son signos opuestos, aunque, debido a esto, también son complementarios, pues un Virgo puede adoptar algunas cualidades piscianas y viceversa.

Virgo es un signo concreto, racional, ordenado y práctico. Piscis, en cambio, es sentimental, bohemio y desordenado. No obstante, los dos son abnegados, sacrificados y tienen afán de servicio y ayuda al prójimo. Por tanto, aquí pueden encontrar cierta armonía.

Es posible que la frialdad de Virgo en los asuntos sentimentales no sea muy bien entendida por Piscis, más necesitado de cariño y de demostraciones sentimentales.

Como son Agua y Tierra, hay bastante armonía y comprensión, pues Piscis aportará a Virgo la dosis sentimental que necesita; y Virgo aportará a Piscis su sentido práctico y racional.

SALUD

Virgo rige los intestinos, la región abdominal, el bazo, el sistema nervioso simpático, el duodeno, el peritoneo y los lóbulos inferiores del hígado. Por tanto, las aflicciones o malos aspectos de los planetas sobre este signo pueden llegar a producir las distintas dolencias que afectan a estas zonas del cuerpo:

Enteritis.
Fermentación.
Flatulencias
Aerofagia.
Infección microbiana.
Peritonitis.
Diarreas.
Tenia.
Desnutrición
Cólicos.
Estreñimiento.
Úlcera duodenal.
Cólicos hepáticos.

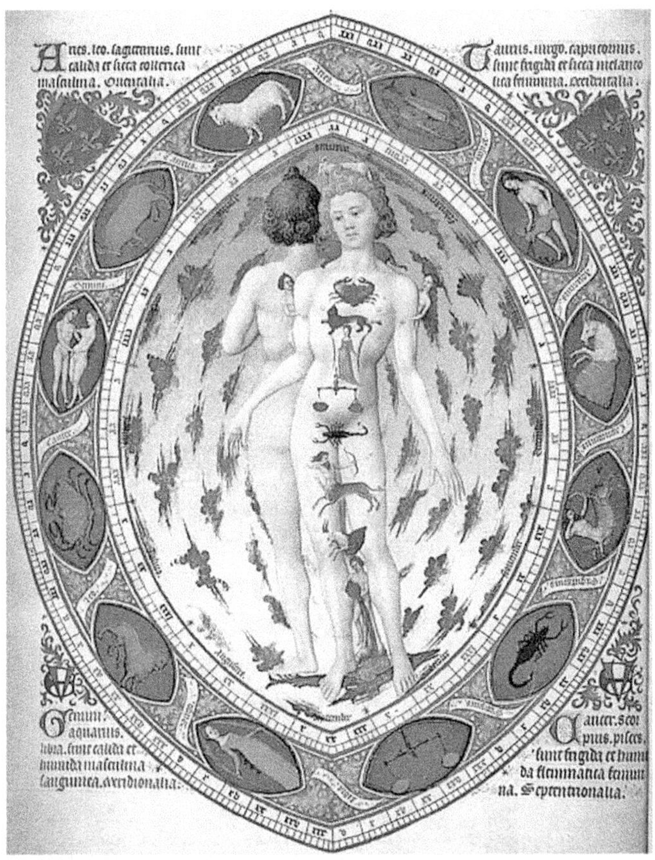

El hombre y el Zodiaco, de Paul Malouel, muestra las asociaciones de los Signos del Zodiaco con las distintas partes del cuerpo.

Etc.

Así que, deberá tener especial cuidado con estas zonas de su cuerpo y prestarles más atención de lo normal, y no abusar sobrecargándolas o sobreexcitándolas.

Cuando se producen malos aspectos sobre Virgo da lugar a todos los problemas relacionados con una mala administración de la energía del signo y el planeta Mercurio. Si quiere evitarlos, debe tener especial cuidado y tomar conciencia de cómo está trabajando dicha energía. Por ejemplo, la mala administración de esta energía se traduce por comportarse con los demás con los peores defectos del signo. La intoxicación mental de los demás a través de la crítica negativa, puede traducirse por una intoxicación intestinal. O la tacañería, podría derivar en estreñimiento.

TRABAJO

Virgo necesita trabajar en todas aquellas profesiones en las que pueda desarrollar su potencial mental, de análisis y discernimiento. También en el área de servicios por su vinculación con la casa VI en la rueda astrológica.

Así pues, le irán bien los empleos de escritor, editor, librero, periodista, lingüistas y todo lo relacionado con la actividad mental.

También podrá trabajar en aquellos empleos que requieran un análisis o una mezcla de elementos. Por ejemplo, de químico, físico, matemático, contable, médico, cocinero, etc.

En el área de servicios: camarero, peluquero, servicio doméstico, jardinero, etc.

Los nueve Coros Angélicos se mueven en torno a la esfera
central, que representa a la Divinidad.
Ilustración de Gustavo Doré para la obra de Dante
Alligeri *La divina comedia.*

ÁNGELES DE VIRGO

La esfera del Zodiaco mide 360 grados de longitud, que se divide entre los doce signos del Zodiaco, dando como resultado un espacio de 30 grados de longitud a cada signo.

Dentro de estos 30 grados tienen su domicilio y radio de acción 6 ángeles conocidos en la Tradición como genios de la Cábala, a razón de 5 grados por ángel.

Con respecto al signo de Virgo, los nombres de estos ángeles son los siguientes:

De 0 a 5 grados de Virgo (24 al 28 de agosto) rige el ángel llamado Lecabel.

De 5 a 10 grados de Virgo (29 de agosto al 2 de septiembre) rige el ángel llamado Vasariah

De 10 a 15 grados de Virgo (3 al 8 de septiembre) rige Iehuiah.

De 15 a 20 grados de Virgo (9 al 13 de septiembre) rige el ángel llamado Lehahiah.

De 20 a 25 grados de Virgo (14 al 18 de septiembre) rige el ángel llamado Chavakiah.

De 25 a 30 grados de Virgo (19 al 23 de septiembre) rige el ángel llamado Menadel.

El nativo de Virgo tendrá uno u otro ángel guardián dependiendo de la fecha en la que haya nacido dentro de este radio de acción, con él podrán comunicarse en cualquier momento para pedirle que le ayude en su acción cotidiana y cumplir así con el objetivo de su Yo Superior.

Las enseñanzas y virtudes que proporciona este ángel durante la vida del nativo son las siguientes:

LECABEL, 24 AL 28 DE AGOSTO

El dominio sobre la vegetación y la agricultura; abundantes cosechas; gusto por la astronomía, las matemáticas y la geometría; ideas luminosas y resolución de los problemas difíciles que se plantean en la vida; ser un orador de talento; protección contra los avariciosos, los usureros y la tentación de enriquecerse por medios ilícitos.

La esencia de su programa es:

TALENTO RESOLUTIVO. Y esta cualidad es la que más sobresaldrá durante toda la vida del individuo que haya nacido bajo su influencia.

Clave: *Talento para solucionar cualquier problema que se te plantee*

VASARIAH, DESDE EL 29 DE AGOSTO AL 2 DE SEPTIEMBRE

Ser un buen abogado o un juez justo; buena memoria y fluidez de vocabulario, amabilidad, espiritualidad y modestia; relaciones con la justicia y la nobleza; socorro contra los que nos atacan en justicia; ayuda contra ladrones y delincuentes.

La esencia de su programa es:

JUSTICIA CLEMENTE. Y esta cualidad es la que más sobresaldrá durante toda la vida del individuo que haya nacido bajo su influencia.

Clave: *Buena memoria y fluidez de vocabulario, así como capacidad para ser un buen abogado*

IEHUIAH, DEL 3 AL 8 DE SEPTIEMBRE

Éxito en los exámenes; permite ver el pasado, presente y futuro de todas las cosas; distinguir y anular el proyecto de sus enemigos y traidores; transformar la enemistad en amistad; ser subordinado en el trabajo y en la vida social y cumplir con todos los deberes de su condición; protección contra la tentación de rebelarse y combatir los poderes legítimos; fuerza para cumplir con las obligaciones; resolución de problemas difíciles.

La esencia de su programa es:

SUBORDINACIÓN. Y esta cualidad es la que más sobresaldrá durante toda la vida del individuo que haya nacido bajo su influencia.

Clave: *Subordinación para distinguir cual debe ser tu lugar en tu ambiente social.*

LEHAHIAH, DEL 9 AL 13 DE SEPTIEMBRE

Aplacar la cólera propia y de los demás, paz y armonía, buenos resultados en las peticiones a las altas jerarquías: ministros, reyes, directores; la comprensión de las leyes divinas; resistencia ante los vendavales y tormentas. Protege contra la declaración de guerras.

La esencia de su programa es:

OBEDIENCIA. Y esta cualidad es la que más sobresaldrá durante toda la vida del individuo que haya nacido bajo su influencia.

Clave: *Ayuda a aplacar la cólera propia y de los demás para crear un ambiente de paz y armonía*

CHAVAKIAH, DEL 14 AL 18 DE SEPT.

Reconciliación con los que uno ha ofendido; vivir en paz con todo el mundo; favorece la relación y la comprensión entre padres e hijos; buen reparto de la herencia entre los miembros de la familia; creación de ambientes de armonía y paz, tanto entre individuos como en pueblos, ciudades o naciones; evitar la tentación de provocar discusiones y discordia.

La esencia de su programa es: RECONCILIACIÓN. Y esta cualidad es la que más sobresaldrá durante toda la vida del individuo que haya nacido bajo su influencia.

Clave: *Ayuda a reconciliarse con todos, principalmente con aquellos que se ha podido ofender*

MENADEL, DEL 19 AL 23 DE SEPTIEMBRE

Conservar el empleo y los medios de existencia de que se dispone; liberación de hábitos viciosos; hacer salir a los presos de prisión y que los exiliados vuelvan a su patria; tener noticias de aquellos que se han alejado de nosotros y no sabemos nada desde hace tiempo; protección contra la calumnia y los calumniadores; ayuda a saber el tiempo exacto de recolección de las plantas medicinales.

La esencia de su programa es:

TRABAJO. Y esta cualidad es la que más sobresaldrá durante toda la vida del individuo que haya nacido bajo su influencia.

Clave: *Proporciona la claves para conservar el empleo y los medios de existencia*[1].

---

[1] Para más información sobre el tema de los ángeles y la Astrología, véanse mis libros: *Ángeles protectores y Ángeles, las fuerzas ocultas del Universo,* publicados por esta editorial.

PERSONAS CÉLEBRES NACIDAS EN VIRGO

- Amparo Soler Leal, 23-08-1933: actriz
- Beyonce, 04-09-1981: cantante, compositora y actriz
- Carmen Laforet, 06-09-1921: escritora
- Charlie Sheen, 03-09-1963: actor
- Claudia Schiffer, 25-08-1970: modelo
- David Trueba, 10-09-1969: realizador y guionista
- Fernando Fernán Gómez, 28-08-1921: escritor, actor y director de cine y teatro
- Gloria Estefan, 01-09-1957: cantante
- Javier Tusell, 26-08-1945: historiador

- Jesús Bonilla, 01-09-1955: actor y director de cine
- Jorge Luis Borges, 24-08-1899: escritor
- Julio Cortázar, 26-08-1914: escritor
- Karlos Arguiñano, 06-09-1948: cocinero
- Mario Conde, 14-09-1948: exbanquero
- Michael Jackson, 29-08-1958: cantante
- Pablo Carbonell, 28-08-1962: humorista
- Richard Gere, 31-08-1949: actor
- Richard J. Roberts, 06-09-1943: químico, Premio Nobel de Medicina en 1993
- Shaila Dúrcal, 28-08-1979: cantante
- Teresa de Calcuta, 26-08-1910: monja católica Thomas Arthur Steitz, 23-08-1940: biofísico y biquímico molecular. Premio Nobel de Química en 2009

TALISMANES

Los amuletos o talismanes de Virgo deben fabricarse con todos o parte de los elementos relacionados con el signo. En particular, con las gemas, los metales y los colores. Por ejemplo:

Las gemas de la suerte de Virgo son el jaspe rosado y el jacinto. El metal es el mercurio. Así pues, se pueden fabricar amuletos con estos elementos (en el caso de Mercurio también valdrá un símbolo del planeta) y llevarlos encima, bien la piedra o metal a secas en un bolsillo o bien como colgante, llavero, etc. También se puede hacer una bolsita del color del signo, poner todos estos elementos dentro y llevarlo como amuleto.

Los colores de Virgo son el marrón y multicolor. Por tanto, todo lo que sea de estos colores también favorecerá al nativo, ya sea ropas o cosas que los destaquen.

El día de la semana en el que tendrá especialmente suerte será el miércoles. En este día puede comenzar todo tipo de proyectos y acontecimientos en los que quiera tener un efecto favorable. Siempre que no sea para perjudicar al prójimo, claro está.

Sus números de la suerte son el 5 y el 6, y todos sus múltiplos.

Hay que tener en cuenta que un amuleto por sí solo no sirve para nada si no le acompaña una actitud positiva y favorable del individuo y un deseo de avanzar en un camino altruista y benevolente hacia los demás. De esta forma, atraerá a su vida las energías favorables procedentes de las entidades espirituales que operan en Virgo.

OTROS TÍTULOS PUBLICADOS POR ESTA EDITORIAL

LA ESENCIA DE LOS DOCE SIGNOS DEL ZODIACO

Un libro esencial para conocernos a nosotros mismos mediante un estudio completo de cada signo del Zodiaco

ÁNGELES, LAS FUERZAS OCULTAS DEL UNIVERSO

Un estudio completo sobre la importancia de los ángeles en el Universo y en nuestra vida cotidiana, donde se dan a conocer sus nombres y sus funciones específicas.

EL MENSAJE OCULTO DE LOS ASTROS

Un manual completo de Astrología, tanto para el principiante como para el astrólogo avanzado. Extensa interpretación astrológica, y, además, se adentra en el tema de las Sinastrías, la Astrología médica y la Parte de la Fortuna, con muchos ejemplos interesantes.

CÓMO LEVANTAR UNA CARTA ASTRAL, Manual para principiantes.

Un manual para cualquier estudiante: sencillo, ameno y directo, donde se facilita al lector un guión para levantar cartas astrales e interpretarlas.

CÓMO INTERPRETAR UN HORÓSCOPO SIN AYUDA DE NADIE

Enseñanzas básicas para interpretar un horóscopo. Aprenda lo más necesario de su carta astral sin necesidad de hacer cursos interminables.

LOS 12 SIGNOS DEL ZODIACO
(ESENCIA CÓSMICA)

Una colección esencial, con un estudio
completo de cada signo: personalidadad, afinidades
e incompatibilidades en al amor, salud, trabajo, ángeles
y fuerzas de los astros, etc.

www.ingramcontent.com/pod-product-compliance
Lightning Source LLC
La Vergne TN
LVHW010702200726
843507LV00011B/1976